배움이야기 품 1

도깨비도 문화재야?

김성범 글 신성희 그림

"시우!"
동생이랑 함께 뛰어다녔는데, 아빠가 시우만 불렀어.
"전시관에서는 떠들면 안 된다."

시우는 억울해.
'쳇, 시영도 같이 떠들었는데…….'
시영이는 얼른 엄마 손을 잡았어.

시우는 심술이 나서
도깨비한테 혀를 내밀었지.

헐! 도깨비도 혀를 쏙 내미네.

"엄마 아빠, 도깨비가 혀를 내밀었어요."

"떠들지 말랬지."

아빠가 시우를 노려보다가,
다른 전시관으로 갔어.

시우는 도깨비에게 조용히 물어봤어.
"넌 누구냐?"

도깨비가 눈까지 끔뻑이며 말하네.
"난 아주아주 오래되고,
아주아주 소중해서
엄청 심심해진 도깨비! 깨비라고 해."

시우는 당장 궁금해졌어.
"오래되어 심심하다고?"
"응!"
"소중해서 심심하다고?"
"응!"
"왜?"
"이곳에 있는 문화재를 지켜야하니까, 난 밖에 나갈 수가 없어."
"문화재가 뭔데?"

깨비는 어이가 없다는 듯이 물었어.
"야, 넌 문화재도 모르냐?"
"몰라! 문화재가 뭔데?"
깨비가 잘난 척하며 말해.
"문화재란 유리 상자 안에 있는 거야.
기와, 투구, 문고리, 말방울, 화로, 비석 같은 거 말이야."

시우는 전시관을 둘레둘레 둘러봐.
"이걸 지켜야 하니까 못 나간다고?"
"응!"
시우는 깨비가 갇혀있다고 생각하니 좀 불쌍해졌어.
"네가 왜 문화재를 지켜야만 하는데?"
"실은 우리 도깨비들이 지키는 걸 무척 좋아하거든."

시우가 봐서는 별로 지킬 것도 없는 거 같았어.
"여기에서 뭘 지키는데?"
"투구는 장군의 목숨을 지키고,
기와랑 문고리는 귀신들이 집으로 못 들어오게 지키고,
화로는 불이 꺼지지 않게 지키고,
벽돌과 비석은 절을 지켰지. 또 뭐 했더라?"
깨비는 신이 났어.

시우가 고개를 꺄우뚱 생각하다 말해.
"야, 그건 너희들이 모두 밖에 있었을 때 지킨 거잖아."
깨비도 고개를 꺄우뚱 생각하다 말해.
"그러네!"
"문화재가 밖에는 없어?"
"많은데……."
"그럼 아주 쉽네."
"뭐가?"
"우리 밖에 있는 문화재를 지키러 가자."

어느새 도깨비들이 시우 주위로 우르르 모여들었어.
시우한테 오랜만에 재밌는 일이 생겨날 거 같아.

깨비는 다음에 창덕궁의 금천교에 사는 도깨비를 만나러 갔어.
"우와, 궁궐이 으리으리하다!"
시우는 으리으리한 궁궐 모습에 입을 다물지 못했어.
"넌 다리를 지키는 보물이 되었구나."
깨비가 금천교 도깨비를 보고 말했어.
"그런데, 사람들이 너무 많이 밟고 다녀서 힘들어."
금천교 도깨비가 말했어.
"궁궐에 오니 세종대왕님 생각난다."
시우가 중얼거리니 깨비가 말했어.
"그럼, 세종대왕님 만나러 가보면 되지!"

"세종대왕릉이다!"
"시끄럽게 누구야? 어? 도깨비들이네."
장군석상 속 도깨비들이 시우와 깨비 앞으로 다가왔어.
"넌 보물이야, 국보야?" 시우가 물었어.
"우린 세계문화유산이 되었지."
"우와, 대단한데!"
"당연하지, 세종대왕님을 지키고 있으니까."
도깨비들은 자랑스럽게 말했어.

"우리, 제주도 영감놀이도 보러 가자!"
"영감놀이가 뭔데?"
"노래하고 춤추는 도깨비 놀이인데, 그것도 문화재야."
"그럼 영감놀이도 아주아주 오래되고 소중한 거겠네."
"우와, 시우가 문화재 박사가 됐다!"

그때 멀리서 엄마하고 아빠가
시우를 부르는 소리가 들렸어.
이제 돌아가야 할 시간이 된 거야.
시우는 마지막으로 깨비에게 물었어.
"도깨비도 문화재야?"
"글쎄, 지금은 아니지만 너처럼 사람들이 소중하게 생각해주면
문화재가 될 수 있을 텐데……."
"알았어, 내가 자주 와서 문화재로 만들어 줄게!"
"꼭 와!"
깨비와 시우는 작별의 인사를 나눴어.

"우아, 엄청 재미있었다."
소리치며 달려 나가는데 엄마가 갸우뚱했어.
"어디 있었어? 걱정했잖아."
시영이가 노려보며 시우에게 말해.
"나 떼어놓고 어디 갔다 왔어?"
시우가 웃으면서 말해.
"다음엔 너도 데리고 갈게!"

김성범

제3회 문학동네어린이문학상을 수상하며 작품 활동을 시작했고 〈아동문학평론〉 동시부문 신인문학상을 수상하였습니다.
지금은 섬진강 도깨비마을에서 어린이들과 숲놀이에 푹 빠져삽니다.
쓴 책으로는 장편동화《숨 쉬는 책, 무익조》,《뻔뻔한 칭찬통장》,《도깨비살》등과
그림책《호랑이는 내가 맛있대요!》,《도깨비가 꼼지락 꼼지락》,《우리반》,《도깨비 닷냥이》,《신기한 푸른돌》등이 있으며,
그밖에 동시집《호랑이는 내가 맛있대!》,《콧구멍으로 웃었다가 콧구멍이 기억한다》, 인문교양서적《숲으로 읽는 그림책 테라피》,
《도깨비를 찾아라!》와 창작 동요 음반《동요로 읽는 그림책》,《김성범 창작 요들 동요집》등이 있습니다.
그림책《책이 꼼지락 꼼지락》은 초등학교 국어(2-가) 교과서에 실려 있습니다.
유튜브《촌장님 오늘은 머해요?》에 오시면 도깨비마을을 구경할 수 있습니다.

신성희

국민대학교 디자인대학원에서 일러스트레이션을 전공했습니다. 디자인 회사에서 캐릭터 디자이너로 일하다가
지금은 그림책 작가로 활동하고 있습니다. 2014년 볼로냐 국제아동도서전에서《괴물이 나타났다!》를 발표하여
국제적인 주목을 받았으며, 출간과 함께 중국, 일본, 대만, 베트남 등으로 수출되었습니다.
지금까지 지은 책으로《안녕하세요!》,《뛰뛰빵빵》,《딩동거미》,《까칠한 꼬꼬 할아버지》가 있고,
그린 책으로《미운 동고비 하야비》,《지진의 정체를 밝혀라》,《인사해요, 안녕!》이 있습니다.

도깨비도 문화재야?

초판 1쇄 발행 2019년 10월 28일
초판 3쇄 발행 2022년 5월 25일

글쓴이 김성범   **그린이** 신성희
펴낸이 김참들   **기획·편집** 황진희   **영업** 김아라
진행 김수정   **디자인** 수정에디션 김선희
펴낸곳 도서출판 품
출판등록 제 2018-7 호, 2018년 4월 20일
주소 광주광역시 북구 비엔날레로 107, 101-1107
홈페이지 https://poom05.blog.me   **이메일** poom05@naver.com
전화 062-524-2866   **팩스** 062-443-7789

ⓒ2019, 김성범·신성희
ISBN 979-11-964753-1-4(77810)
값 13,000원

이 도서의 국립중앙도서관 출판예정도서목록(CIP)은 서지정보유통지원시스템 홈페이지(http://seoji.nl.go.kr)와
국가자료공동목록시스템(http://www.nl.go.kr/kolisnet)에서 이용하실 수 있습니다.(CIP제어번호: CIP2019040112)

어린이제품안전특별법에 의한 제품 표시 제조자명 도서출판 품 | **제조년월** 2020년 4월 | **제조국** 대한민국 | **사용연령** 만 5세 이상